Daniel Heid

IT-Sicherheit in Organisationen: Analysebegriffe und Konzeptionsmethoden

Bachelor + Master
Publishing

**Heid, Daniel: IT-Sicherheit in Organisationen: Analysebegriffe und Konzeptionsmethoden,
Hamburg, Diplomica Verlag GmbH 2012**
Originaltitel der Studienarbeit: Analyse und Konzeption von Sicherheit in der
Informationstechnik

ISBN: 978-3-86341-133-6
Druck: Bachelor + Master Publishing, ein Imprint der Diplomica® Verlag GmbH, Hamburg,
2012
Zugl. Duale Hochschule Baden-Württemberg, Mannheim, Deutschland, Studienarbeit, 2008

Bibliografische Information der Deutschen Nationalbibliothek:
Die Deutsche Nationalbibliothek verzeichnet diese Publikation in der Deutschen
Nationalbibliografie;
detaillierte bibliografische Daten sind im Internet über http://dnb.d-nb.de abrufbar.

Die digitale Ausgabe (eBook-Ausgabe) dieses Titels trägt die ISBN 978-3-86341-633-1 und
kann über den Handel oder den Verlag bezogen werden.

Kurzfassung

Analyse und Konzeption von Sicherheit in der Informationstechnik

Daniel Heid

Die Analyse und die Konzeption von Sicherheit in der Informationstechnik erfordern eine systematische Vorgehensweise und die Beachtung von gängigen Methoden, die von Standardisierungseinrichtungen, wie dem Bundesamt für Sicherheit in der Informationstechnik (BSI), vorgegeben werden. Ebenfalls sind die Prozesse des Risikomanagements für diesen Bereich von Nutzen.

Nach der Grundschutz-Vorgehensweise des BSI beginnt die Analyse der IT-Sicherheit mit der Strukturanalyse, bei welcher die individuelle IT-Struktur einer Organisation untersucht wird. Hierbei hilft die Orientierung am Schichtenmodell der IT-Elemente, welches die IT-Struktur anhand der fünf Ebenen Infrastruktur, IT-Systeme, Netze, Anwendungen und Prozesse kategorisiert. Zu den Aspekten der Strukturanalyse zählen außerdem die Berücksichtigung ausgelagerter (externer) Komponenten und die Clusterbildung zur Reduktion der Komplexität der IT-Struktur. Daran anknüpfend bewertet die Schutzbedarfsanalyse die Anwendungen, IT-Systeme und Kommunikationsverbindungen qualitativ, indem Schutzbedarfskategorien zugewiesen werden. Neben den Grundschutz-Methoden lassen sich auch die generischen Methoden der Risikoidentifikation und -bewertung im Rahmen einer Risikoanalyse anwenden. Letztere wird durch die Werte, Schwachstellen, Gefährdungen, Schäden und Maßnahmen parametrisiert. Nachdem im Vorfeld der Umfang der Analyse bestimmt wurde, können die Risiken durch eine Schwachstellen-, Bedrohungs-, Szenario- oder Simulationsanalyse ermittelt werden. Im Anschluss daran lassen sich die identifizierten Risiken kardinal (anhand von Zahlen) oder ordinal (anhand einer Klassifikation) bewerten.

Im Rahmen der Konzeption von IT-Sicherheit hilft die Kenntnis über die Bewertungskriterien, insbesondere die des TCSEC-, des ITSEC- und des Common Criteria-Standards. Zur strategischen Behandlung von Risiken gibt es mehrere Handlungsoptionen und gängige personelle Methoden der IT-Sicherheit, sowie die Möglichkeit der redundanten Systeme. Bei der Erstellung eines IT-Sicherheitskonzepts werden bestehende und neue Schutzmaßnahmen erwogen. Nach der Grundschutz-Methode existieren hier verschiedene Module, welche bei der Modellierung in ein Grundschutzmodell überführt werden.

Inhaltsverzeichnis

Abbildungsverzeichnis

Tabellenverzeichnis

.

Abkürzungsverzeichnis

BDSG   Bundesdatenschutzgesetz

KonTraG   Gesetz zur Kontrolle und Transparenz im Unternehmensbereich

AktG   Aktiengesetz

HGB   Handelsgesetzbuch

GmbHG   Gesetz betreffend die Gesellschaften mit beschränkter Haftung

BSI   Bundesamt für Sicherheit in der Informationstechnik

DNS   Domain Name System

DoS   Denial Of Service

TCSEC   Trusted Computer System Evaluation Criteria

DAC   Discretionary Access Control

ACL   Access Control List

MAC   Mandatory Access Control

ITSEC   Information Technology Security Evaluation Criteria

CC   Common Criteria

EVG   Evaluationsgegenstand

EAL   Evaluation Assurance Level

1. Einleitung

Am 22. November 2007 berichtete die Frankfurter Allgemeine Zeitung gleich zweimal von besorgniseregenden Sicherheitsvorfällen in informationstechnischen Systemen: Im ersten Fall musste der britische Finanzminister Darling um sein Amt fürchten, weil zwei Datenträger mit Informationen über alle britischen Kindergeldempfänger verloren gingen. Ein „jüngerer Mitarbeiter" habe die Datenträger anweisungswidrig kopiert und mit einem privaten Kurierdienst an den nationalen Rechnungshof verschickt, gestand Darling. Als Folge davon waren sieben Millionen Familien in Großbritannien dazu aufgerufen, ihre Konten auf betrügerische Auszahlungen zu überprüfen (Vgl. [Lei07]).

Beim zweiten Fall handelte es sich um Angriffe auf estnische Computersysteme, welche die Websites der Regierung, des Parlaments und von Tageszeitungen lahmlegten und das Online-System einer estnischen Bank unter einem Millionenverlust für eine volle Stunde zum Stillstand brachten. „[...] der Vorfall machte westlichen Regierungen bewusst, dass zur Landesverteidigung heute auch der Schutz der IT-Infrastruktur zählt." (Vgl. [Bus07]).

Durch die beiden Berichte wird deutlich, wie präsent das Thema Sicherheit in der Informationstechnik (IT) heute ist und zukünftig sein wird. Dieses Buch befasst sich mit dem vielseitigen Problem der Analyse und Konzeption von IT-Sicherheit und fasst Lösungsansätze zusammen, um einen Überblick über das breite, von allerlei Paradigmen geprägte Spektrum der IT-Sicherheit zu verschaffen. Dabei wird der Blick über den Tellerrand gewagt, indem neben den umfassenden Schriftstücken zur Sicherheit, welche vom BSI als Standardwerke verfasst wurden, auch andere Werke herangezogen und die in ihnen enthaltenen Ergänzungen berücksichtigt werden. Es werden hier keine konkreten Vorgehensweisen oder informationstechnischen Mittel zur Realisierung bzw. Implementierung von IT-Sicherheit erläutert, sondern die im Vorfeld ablaufenden analytischen und planerischen Prozeduren fokussiert.

Um die betroffene Zielgruppe, die sich Gedanken um die IT-Sicherheit machen muss (oder zumindest sollte), nicht durch die Verwendung der direkten Bezeichnung „Unternehmen" zu schmälern, wird im Folgenden der Begriff „Organisation" für private und öffentliche Unternehmungen, also bspw. Schulen, Hochschulen, Behörden, Banken, Dienstleistungs- und Industrieunternehmen etc., eingesetzt. Außerdem wird, lediglich der Lesbarkeit halber, bei Funktionsbezeichnungen die männliche Sprachform genutzt.

Der erste Teil dieses Buchs beinhaltet einige Begriffe, die an mehreren Stellen gebraucht und für ein grundsätzliches Verständnis benötigt werden. Der zweite Teil befasst sich mit den Grundschutz- und den Risikomethoden zur Analyse der IT-Sicherheit. Im dritten Teil werden abschließend einige theoretische Hintergründe zur Konzeption von IT-Sicherheit in Organisationen aufgezeigt.

2. Grundlegende Begriffe der IT-Sicherheit

Wer sich mit dem Management der IT-Sicherheit befasst und dabei deutschsprachige Literatur zu Rate zieht, dem begegnen einige Wörter aus der Fachsprache, deren sprachliche Bedeutung sich im Zusammenhang mit der IT-Sicherheit präzisierte. Obwohl die meisten darunter trotzdem verständlich sind, bedürfen einige von ihnen einer genaueren, zentralen Erläuterung, da sie an mehreren Stellen dieses Buchs auftauchen. Weitere erklärungsbedürftige Sicherheitsbegriffe werden bei ihrem erstmaligen Auftreten an den entsprechenden Stellen erläutert.

2.1. Schutzziele

Im Kontext der IT-Sicherheit definieren die synonymen Begriffe „Schutzziele" bzw. „Sicherheitskriterien" allgemeine, grundlegende Ziele der Informationssicherheit, um Daten gezielt zu schützen. Durch die systematische Betrachtung der zu sichernden IT-Komponenten nach diesen Kriterien, lassen sich Sicherheitsmaßnahmen bestimmen.

Nahezu jede Literatur zum Thema IT-Sicherheit beinhaltet zumindest die drei Schutzziele „Integrität", „Verfügbarkeit" und „Vertraulichkeit". WISLER bezeichnet die drei Schutzziele „Verfügbarkeit", „Verbindlichkeit"[1] und „Vertraulichkeit" auch prägnant als „die drei ‚V' im Sicherheitskonzept" (Vgl. [Wis06], S. 1). Darüber hinaus gibt es einige weitere Zielsetzungen, die allerdings weniger einheitlich oder in unterschiedlichen Varianten in den Beschreibungen auftauchen. Im Folgenden werden die drei hauptsächlichen Schutzziele nicht in aller Ausführlichkeit behandelt, da sie zwar Bestandteil der sicherheitsbezogenen Analyse und Konzeption sind, aber ihre Bedeutung ganze Bücher füllt. Weitere Schutzziele sind im Anhang aufgelistet (Siehe A.1).

---

[1]Wobei sich die Verbindlichkeit als sog. „kombiniertes Sicherheitskriterium" aus den Schutzzielen „Authentizität" und „Integrität" zusammensetzt (Vgl. [Sch06], S. 18)

Integrität Daten sind zu dem Zeitpunkt „integer" (einwandfrei, makellos, ordentlich, unangetastet), wenn sie nicht unbemerkt oder unbefugt geändert wurden.

Verfügbarkeit Organisationen erwarten von ihren IT-Systemen und den darin gespeicherten Daten aufgrund der Abhängigkeit ihrer Geschäftsprozesse von diesen eine angemessene Verfügbarkeit und Nutzbarkeit.

Vertraulichkeit Vertrauliche Daten sollen nur ausgewählten Benutzerkreisen und Computersystemen zugänglich sein.

Die Schutzziele eignen sich als globale Anforderungen, um die Informationssicherheit einer Organisation zu konstituieren (Vgl. [Inf06], S. 2). Sie heben die Grundsätzlichkeiten hinter dem Verständnis von IT-Sicherheit hervor und sollten sich von daher in der analytischen und konzeptionellen Arbeit des IT-Sicherheitsmanagements widerspiegeln.

2.2. Schutzmaßnahmen

Unter dem Begriff „Schutzmaßnahme" wird im Zusammenhang mit der IT-Sicherheit eine Prozedur, eine Technologie oder ein Mechanismus zur Verringerung von Risiken in Bezug auf deren Eintrittswahrscheinlichkeiten oder deren Schadenshöhe, Minimierung von Bedrohungen, Verkleinerung oder Beseitigung von Schwachstellen, Aufdeckung unerwünschter Ereignisse (z. B. Angriffe), Eingrenzung der Auswirkungen eines unerwünschten Ereignisses, Überwälzung von Risiken oder Wiederherstellung eines früheren Zustandes, verstanden (Vgl. [PB04], S. 159 und 160). Sie dienen der Vorbeugung (präventive Maßnahmen), der Aufdeckung (detektive Maßnahmen), der Abschreckung, der Schadensbegrenzung, der Wiederherstellung eines früheren Zustands, der Bildung von Sicherheitsbewusstsein und dem Risikotransfer (Vgl. [PB04], S. 198).

3. Methoden der Sicherheitsanalyse

Warum ist es sinnvoll, die IT-Sicherheit einer Organisation zu analysieren? Diese Frage beantwortet sich nach STELZER mit dem Verständnis der folgenden Annahmen:

- „Struktur, Bedeutung und Umfeld der Informationsverarbeitung sowie die zu schützenden Werte sind in vielen Organisationen sehr verschieden.

- Selbst innerhalb komplexer Organisationen gibt es sehr unterschiedliche Sicherungsanforderungen.

- Deshalb gibt es für die wenigsten Bereiche, in denen Informationsverarbeitung betrieben wird, Standardvorschläge für angemessene Sicherungsmaßnahmen.

- Der Bedarf an Sicherungsmaßnahmen muss durch eine detaillierte Analyse der Risiken ermittelt werden.

- Ein angemessenes Sicherheitskonzept lässt sich in den meisten Fällen nur durch die Analyse der Risiken und die darauf aufbauende Auswahl von Sicherungsmaßnahmen erzielen." (Vgl. [Ste02], S. 40)

Ein Teil[1] der hier vorgestellten Analysemethoden stützt sich auf die Standards des BSI, welche erstmals 1992 im Sicherheitshandbuch veröffentlicht wurden. Auslöser für das Verfassen dieser umfassenden Schriftwerke war der Appell der deutschen Bundesregierung an die Bundesbehörden in Deutschland, ein IT-Sicherheitskonzept zu entwickeln und sich dabei an diesen Methoden zu orientieren (Vgl. [Ste02], S. 39 und 40). Um die Analyse der IT-Sicherheit von mehreren Seiten zu beleuchten und die nicht ganz unkritischen Methoden des Grundschutzhandbuchs (Vgl. [Ste02], S. 40) zu ergänzen, wird hier darüber hinaus ein allgemeiner, sicherheitsbezogener Ansatz zur Risikoanalyse als weitere Methode der Sicherheitsanalyse, wie sie bspw. von Banken (Siehe [Kol07]) oder Forschungs- und Entwicklungskooperationen (Siehe [Hei07]) herangezogen wird, dargestellt.

---

[1] Genau genommen sind dies die Struktur- und die Schwachstellenanalyse.

3.1. Strukturanalyse

Die individuelle IT-Struktur einer Organisation[2] definiert [Kol07] (S. 93) als „Gesamtheit aller Komponenten, die der Aufgabenerfüllung der Informationsverarbeitung dienen". Sie umfasst die informationstechnischen Systeme, Anwendungen, Daten, Räume und das zuständige Personal (Vgl. [Bun05], S. 33). Hierzu gehören also sowohl technische, als auch organisatorische und personelle Aspekte. Diese Elemente der IT-Struktur werden auch Informationswerte (Information Assets) genannt, die sowohl materiell (z. B. Geräte) als auch immateriell (z. B. Informationen oder Rechte) sein können. Die Ermittlung der IT-Struktur, welche auch „Ist-Erhebung" genannt wird, ist gleichzeitig eine Kenntnis bzw. Kenntnisnahme über eine häufig komplexe, vernetzte IT. Man denke an dezentrale Systeme mit unterschiedlichen Standorten, die wiederum eigene Infrastrukturen mit Großrechnern bzw. Servern und Arbeitsplatzrechnern aufweisen. Es ist einerseits selbstverständlich, dass die Strukturanalyse für die Auswahl der Sicherheitsmaßnahmen notwendig ist, andererseits aber nicht zu vernachlässigen, dass diese Aufgabe in ihrer Durchführung sehr komplex sein kann. (Vgl. [Kol07], S. 93).

3.1.1. Das Schichtenmodell der IT-Elemente

In Analogie zum Grundschutzmodell des BSI zeigt die Abbildung 3.1 auf der nächsten Seite fünf Ebenen, auf welche sich die Elemente der IT-Struktur nach der Abstraktion ihres Einsatzzwecks aufteilen. Auf der untersten und ersten Ebene befinden sich baulich-physische Gegebenheiten der Infrastruktur, wie Gebäude, Räume, Arbeitsplätze, Schränke, Belüftung bzw. Kühlung, Generatoren etc. Darüber liegt die zweite Schicht, auf der sich die gruppierbaren IT-Systeme, bestehend aus u. a. Clients, Server und TK-Anlagen, ansiedeln. Zu der dritten Ebene zählen alle Netzwerkkomponenten (z. B. Router, Switches oder Access Points) und deren struktureller Aufbau. Mit der vierten Ebene verlässt das Schichtenmodell die materiellen Elemente und wechselt zu den (imateriellen) Anwendungen, für welche diese greifbaren Bestandteile der technischen Infrastruktur bereit stehen. Auf der obersten und fünften Ebene stehen schließlich die dahinter stehenden Geschäftsprozesse (Vgl. [Bun06], S. 26 und [Kol07], S. 97).

Das Schichtenmodell bietet einen Ansatz zur systematischen Erfassung der IT-Struktur,

---

[2]Im Jargon des BSI auch „IT-Verbund" genannt.

6

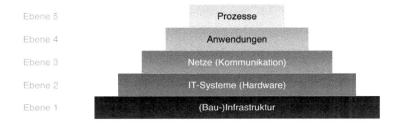

Ebene 5	Prozesse
Ebene 4	Anwendungen
Ebene 3	Netze (Kommunikation)
Ebene 2	IT-Systeme (Hardware)
Ebene 1	(Bau-)Infrastruktur

Abbildung 3.1.: Schichtenmodell der IT-Elemente nach [Kol07], S. 95

indem es schrittweise durchgegangen wird. Im Folgenden wird zunächst die Aufnahme der technischen IT-Infrastruktur nach der ersten bis dritten Ebene und anschließend die Erfassung der Anwendungen und Prozesse nach der vierten und fünften Ebene betrachtet. Die folgenden Beschreibungen gehen also im Groben nach dem Bottom-Up-Prinzip, d. h. beginnend mit der untersten Schicht in Richtung der Anwendungen und Prozesse, vor. Im Gegensatz dazu steht das Top-Down-Prinzip, welches zunächst die Prozesse betrachtet, die Anwendungen daraus herausdeutet und danach die Infrastruktur erfasst. Damit das Ergebnis der Strukturanalyse möglichst vollständig ist und mögliche fehlende bzw. überflüssige Bestandteile ermittelt werden, empfehlen [Bun05] (S. 33) und [EP06] (S. 93) diese in beiden Richtungen durchzuführen.

3.1.2. Aufnahme der technischen IT-Infrastruktur

Dieser Abschnitt befasst sich mit der systematischen Sammlung von Daten zu IT-Elementen der ersten bis dritten Ebene des Schichtenmodells (Siehe vorigen Abschnitt). Die Tabelle 3.1 auf der nächsten Seite listet einige Kategorien und Beispiele

Kategorie	Beispiele
Gebäude / Räume	Rechenzentren
Technische Infrastruktur	Unterbrechungsfreie Stromversorgungen, Generatoren, Zugangssicherungskomponenten, Batterien, Belüftung
Vernetzung	Externe und interne Kabelleitungen, Einwahlzugänge, drahtlose Verbindungen
Hardware	Großrechner, dezentrale Systeme, Telekommunikationsanlagen, Netzwerkkomponenten, Arbeitsplatzrechner
Systemnahe Software	Betriebssysteme, Administrationswerkzeuge

Tabelle 3.1.: Bestandteile der IT-Infrastruktur (in Anlehnung an [Kol07], S. 96)

für entsprechende IT-Elemente auf. Für die einzelnen Kategorien empfiehlt KOLB verschiedene Dokumentationsstrukturen, welche in [Kol07] auf den Seiten 96 bis 99 beschrieben sind.

Die Grundschutz-Vorgehensweise des BSI (Vgl. [Bun05], S. 33 ff) sieht als Ausgangspunkt der Strukturanalyse die Erstellung eines Netztopologieplans vor. In den meisten Organisationen ist die Netztopologie bereits in irgendeiner Form dokumentiert, was einen Ansatz zur Entwicklung eines sicherheitsbezogenen Netztopologieplans sein kann. Dieser graphisch aufbereitete Plan enthält die Komponenten, d. h. Clients, Server, aktive Netzkomponenten (z. B. Switches, Router, Access Points) und Drucker, und deren Vernetzung, d. h. lokale und ferne Verbindungen, Backbone-Techniken und Einwahl-Zugänge (Modem, ISDN, VPN etc.), nach dem Schema der Abbildung 3.2 auf der nächsten Seite. Die genauere Aufnahme der Ist-Situation des Computernetzwerks mit den Angaben zu der Netztopographie, der Netztopologie, den verwendeten Netzprotokollen, den lokalen und fernen Netzwerkverbindungen und der Datenübertragungsrate beschreibt das BSI im IT-Grundschutz-Dokument M 2.139 (Siehe [Bun06], S. 1234).

Im weiteren Verlauf der Ist-Aufnahme der IT-Infrastruktur werden zu jeder vernetzten und auch nicht vernetzten Komponente, sowie jeder Verbindung im Netztopologieplan dokumentarische und sicherheitsrelevante Informationen, darunter eine Identifikationskennzeichnung, sowie der Typ, die Funktion, der Aufstellungsort, das zuständige Personal, der Zustand (z. B. „in Betrieb", „deaktiviert", „defekt", „im Test" oder „in Planung"), ggf. die physikalische Netzadresse, die Daten zur Hard-

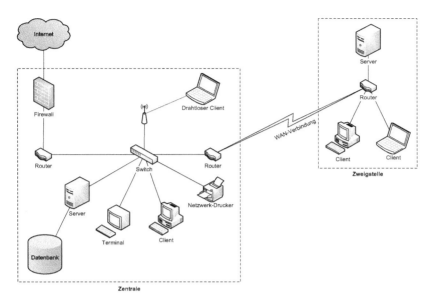

Abbildung 3.2.: Schematische Darstellung eines Netztopologieplans in Anlehnung an [Eck06], S. 159, Abb. 4.4

und Softwareplattform und weitere netzwerkbezogene Merkmale tabellarisch registriert (Vgl. [Eck06], S. 158 und [Bun05], S. 34). Diese Vorgänge laufen häufig unter Hinzunahme von verantwortlichen Mitarbeitern, z. B. Abteilungsleitern, IT-Leitern oder Leitern des IT-Betriebs, aus den zugehörigen IT-Abteilungen ab (Vgl. [Kol07], S. 99 und [Sch06], S. 115). Im Netztopologieplan spiegelt sich im Groben eine räumliche Infrastruktur wider, welche bei der Ist-Aufnahme ebenfalls genauer und gesondert in einer Tabelle mit Informationen zur Funktion, dem Gebäude und der geographischen Position (Ortsname) verzeichnet wird. Zur räumlichen Infrastruktur zählen bspw. Serverräume, Technikräume, Schutzschränke, Datenträgerarchive und Büroräume. Die Komponenten werden diesen Räumlichkeiten über die Informationen zum Aufstellungsort zugeordnet (Vgl. [Bun05], S. 39).

3.1.3. Erfassung der Anwendungen und Prozesse

Die Spitze des Schichtenmodells (Siehe **??** auf Seite **??**) besteht aus den beiden Ebenen „Anwendungen" und „Prozesse". Wie bei der technischen IT-Infrastruktur wird bei der Erfassung der Anwendungen eines IT-Systems und den übergeordneten Prozessen mit der obersten Ebene begonnen, woraufhin die darunter folgenden Ebenen abgeleitet werden. Statt dem Netztopologieplan als Bestandteil der dritten Ebene („Netze") bildet hier allerdings die Dokumentation der Geschäftsprozesse der fünften Ebene („Prozesse") den Ausgangspunkt. Sollte diese Dokumentation nicht bereits vorliegen, so ist zumindest eine rudimentäre Definition der Prozesse – unter Umständen unabhängig von der Geschäftsprozesssicht – notwendig (Vgl. [Kol07], S. 100).

Durch die Analyse aller Prozesse (nach [Kol07] 3 bis 15 Stück) in Hinblick auf die zugehörigen Anwendungen leiten sich aus ihnen die aktiven Anwendungen einer IT-Struktur ab. Die gefundenen Anwendungen lassen sich wiederum den technischen IT-Systemen zuordnen, woraus ein komplettiertes Bild der IT-Struktur entsteht. Wie bei den Komponenten der technischen Infrastruktur wird jede Anwendung anhand sicherheitsrelevanter Informationen, darunter eine eindeutige Bezeichnung, eine Beschreibung, die Anwendungseigner, die Admistratoren, die Entwickler, die Produktionsumgebung und die Abhängigkeiten, dokumentiert. Damit die Richtlinien des Bundesdatenschutzgesetz (BDSG) eingehalten werden können, werden diejenigen Anwendungen gekennzeichnet, die personenbezogene Daten verarbeiten (Vgl. [Kol07], S. 100).

3.1.4. Berücksichtigung von ausgelagerten Komponenten

Im Gegensatz zu den internen Komponenten der eigenen Organisation gibt es auch externe Komponenten, die in eine fremde Organisation nach dem Outsourcing-Prinzip ausgelagert wurden. Dies trifft auf alle Ebenen des Schichtenmodells (Siehe **??** auf Seite **??**), z. B. auch auf komplette Geschäftsprozesse, die von einem externen Dienstleister ausgeführt werden oder gemietete Server in einem fremdbetriebenen Rechenzentrum, zu.

Die Strukturanalyse ist bei den ausgelagerten Komponenten Besonderheiten unterworfen, weil die IT-Struktur des externen Diensleister im Normalfall unbekannt und nicht zwangsläufig Teil eines Service Level Agreements ist. Dagegen schließt die Konzeption der IT-Sicherheit den ausgelagerten Bereich mit ein, indem für ihn spezielle Sicherheitskonzepte erstellt werden (Vgl. [Bun06], S. 85) und Sicherheitsaspekte in einen Outsourcing-Vertrag miteinfließen (Vgl. [Kol07], S. 105). Die Verantwortung für die entstehenden Risiken bei einer Auslagerung von Teilprozessen oder ganzen Prozessen ist juristischen Gesichtspunkten sehr komplex geregelt, weshalb darauf hier nicht näher eingegangen werden soll. Letzlich schließt die Dokumentation der Abhängigkeiten des ausgelagerten Bereichs die ausgelagerten Komponenten mit in die Strukturanalyse ein (Vgl. [Kol07], S. 105).

3.1.5. Reduktion der Komplexität durch die Bildung von Clustern

Der Begriff „Cluster" beschreibt im Kontext der IT-Strukturanalyse nicht die Zusammenschaltung von Computersystemen zu Clustern, sondern die Gruppierung von Elementen der IT-Infrastruktur anhand ihrer Merkmale. Aufgrund ihrer Komplexität lassen sich die Geschäftsprozesse im Allgemeinen nicht auf diese Art gliedern. Dabei wird ein geringerer Aufwand erzielt, denn es reduzieren sich die Risikoprofile, d. h. die unterschiedlichen Kombinationsmöglichkeiten der einzelnen Risiken. Ein Risikoprofil trifft damit auf jedes der Elemente eines Clusters zu. Ein einfaches Beispiel hierfür stellen die Arbeitsplatz-Computer dar, sofern sie gleichartige Aufgaben erfüllen und in gleicher Weise vernetzt sind.

Ein sorgfältiges IT-Sicherheitsmanagement muss bei der Bildung von Clustern allerdings feinste Nuancen unterscheiden. Möglicherweise sind manche der Arbeitsplatz-Computer mit unterbrechungsfreien Stromversorgungen gesichert. Damit existiert für die nicht daran angeschlossenen Rechner ein Ausfallrisiko, welches nicht auf jedes Element des Clusters zutrifft (Vgl. [Kol07], S. 106). Somit zählen diese Rechner definitionsgemäß nicht zu einem Cluster.

Laut [Bun05] (S. 40) müssen zur Gruppierung der IT-Elemente ihr Typ, ihre Konfiguration, ihre Netzanbindung, ihre administrativen und infrastrukturellen Rahmenbedingungen, ihre Beziehung zu den Anwendungen und ihr Schutzbedarf (Siehe 3.2) gleich bzw. nahezu gleich sein.

3.2. Schutzbedarfsanalyse

Nachdem eine Strukturanalyse (Siehe 3.1 auf Seite 6) durchgeführt wurde, erfolgt darauf aufbauend im nächsten analytischen Schritt eine Untersuchung der Elemente der IT-Struktur und den darin verarbeiteten Daten auf ihre Schutzbedürftigkeit. Als Maßstab fungieren hier die Schutzziele, die in 2.1 näher beschrieben sind. Diese werden je nach Ausmaß des möglichen Schadens eingestuft. Der BSI-Standard 100-2 empfiehlt eine Top-Down-Vorgehensweise von den Anwendungen zu den IT-Systemen hin zu den Kommunikationsverbindungen.

3.2.1. Die Schutzbedarfskategorien

Da sich der Schutzbedarf kaum quantifizieren lässt, helfen qualitative Angaben in Form von Kategorien bei seiner Bewertung. Sind die Auswirkungen des Schadens begrenzt und überschaubar, so ist der Schutzbedarf mit „normal" zu bewerten; Sind sie allerdings beträchtlich, so ist er „hoch"; Bei existentiell bedrohlichem, katastrophalem Ausmaß des Schadens, ist er „sehr hoch" (Vgl. [Bun05], S. 41). Diese Beschreibungen sind jedoch in den meisten Fällen zu allgemein, um den Schutzbedarf zu kategorisieren. Daher wird die eigentliche Schutzbedarfsanalyse durch eine neue und *individuelle* Definition vorbereitet, die sich an einer Verfeinerung des Schadens in häufige Schadensszenarien orientiert. Letztere finden sich, zusammen mit ausführlichen Beispielen, im BSI-Standard 100-2 ([Bun05]) auf S. 41 ff.

3.2.2. Anwendungen

Nachdem die Kategorien für den Schutzbedarf individuell spezifiziert wurden, kann der Schutzbedarf für die relevanten IT-Anwendungen durch die Aufstellung realistischer Schadensfälle und die Beschreibung der materiellen bzw. ideellen Schäden ermittelt werden. Um hierbei so realistisch wie möglich zu bleiben, werden diese aus der Anwenderperspektive unter Hinzunahme geeigneter Personen, z. B. Benutzern oder Administratoren einer betrachteten IT-Anwendung, entwickelt (Vgl. [Bun05], S. 44).

3.2.3. IT-Systeme

Der Schutzbedarf der einzelnen IT-Systeme leitet sich aus ihren Abhängigkeiten zu den verschiedenen Anwendungen ab. Aber auch die Abhängigkeiten der Anwendungen untereinander müssen hierbei Beachtung finden, da eine Anwendung unabhängig von ihrem Schutzbedarf für den Betrieb einer anderen Anwendung von entscheidender Bedeutung sein kann. Die IT-Systeme beider Anwendungen erfordern zumindest den

Schutz, den die Anwendung mit dem höheren Schutzbedarf benötigt (Vgl. [Bun05], S. 51). Liefert also bspw. eine Anwendung A, die die Besucher einer Website in Form einer Umfrage befragt, einen wertvollen Input für eine zweite Anwendung B, die diese Daten mit anderen Inputs migriert und für ein Meinungsforschungsinstitut einen hohen Schutzbedarf hat, so haben auch die IT-Systeme der Anwendung A einen hohen Schutzbedarf (Eigenes Beispiel).

Sollte ein IT-System mehrere Anwendungen bedienen, ergibt sich der Schutzbedarf für dieses System aus dem schwerwiegenstem Schaden der darauf laufenden Anwendungen (Maximumprinzip). In manchen Fällen entsteht durch den Ausfall eines IT-Systems und der damit verbundenen Anwendungen ein höherer Schaden, wenn diese zwar nicht den höchsten Schutzbedarf haben, ihr gleichzeitiger Ausfall aber kritisch ist (Kumulationseffekt). Umgekehrt spielen IT-Systeme möglicherweise bei verteilten Anwendungen, die einen hohen Schutzbedarf aufweisen, durch ihre Teilaufgabe bzw. redundantem Betrieb eine untergeordnete Rolle und ihr Schaden wirkt sich geringer aus. Dann verringert sich der Schutzbedarf des IT-Systems im Vergleich zur Anwendung (Verteilungseffekt). Vgl. [Bun05], S. 51.

Für die Dokumentation empfiehlt sich eine tabellarische Darstellung nach Tabelle 3.2 auf der nächsten Seite, welche sich an der Vorgabe des BSI-Standards 100-2 orientiert. Hier wird der erforderliche Schutzbedarf durch die drei wesentlichen Schutzziele (Siehe 2.1 auf Seite 3) verfeinert, sodass die Schutzbedarfsanalyse diese berücksichtigt.

3.2.4. Kommunikationsverbindungen

Der Einsatz von kryptographischen Sicherungsmethoden, redundanten Verbindungen und Zugangssicherungen richtet sich nach dem Schutzbedarf der Kommunikationsverbindungen. Hierzu zählen nach dem BSI-Standard 100-2 alle kritischen Verbindungen, d. h. diejenigen Verbindungen einer IT-Struktur, über die ein Zugriff ohne einen Zugang zu Räumlichkeiten möglich ist (Außenverbindungen), die der Übertragung von Informationen mit hohem Schutzbedarf dienen oder die nicht für die Übertragung von Informationen mit hohem Schutzbedarf geeignet sind (Vgl. [Bun05], S. 53).

Ein systematischer Ansatz zur Erfassung des Schutzbedarfs der Kommunikationsverbindungen beginnt mit den IT-Systemen mit hohem und sehr hohem Schutzbedarf und stellt anhand der davon ausgehenden Verbindungen und dem Schutzbedarf der von ihnen übertragenen Informationen fest, ob es sich um eine kritische Verbindung

IT-System	Schutzbedarf		
	Vertraulichkeit	Integrität	Verfügbarkeit
SA086 (Server der Personalabteilung)	Hoch (Maximumprinzip)	Normal (Maximumprinzip)	Normal (Maximumprinzip)
SG042 (Primärer DNS)	Normal (Maximumprinzip)	Hoch (Maximumprinzip)	Normal (Gemäß der Schutzbedarfsfestellung der Anwendung AT001 ist von einem hohen Schutzbedarf auszugehen. Durch die Verteilung auf zwei DNS kann der Betrieb aber bei einer Störung für 72 Stunden weiterlaufen.)

Tabelle 3.2.: Auflistung der IT-Systeme unter Angabe des Schutzbedarfs in Anlehnung an [Bun05], S. 52

handelt. Außenverbindungen werden von vornerein als kritisch betrachtet. Schließlich erfolgt eine Ermittlung der Verbindungen, über die keine Informationen mit hohem Schutzbedarf übertragen werden sollten. Diese werden ebenfalls als kritische Verbindungen in die Erfassung miteinbezogen.

Für die Dokumentation von kritischen Kommunikationsverbindungen sind der Anfangs- und Endpunkt, eine Kennzeichnung über den Zugang von außen (Außenverbindungen), die Übertragung von Informationen mit hohem Schutzbedarf untergliedert nach den Schutzzielen und mögliche Unsicherheiten bezüglich der Übertragung von Informationen mit hohem Schutzbedarf festzuhalten. Ein Beispiel zeigt die Tabelle 3.3 auf der nächsten Seite.

3.3. Risikoanalyse

Hinter dem Begriff Risiko verstecken sich verschiedene Paradigmen. Bezogen auf die IT-Sicherheit besteht dann ein Risiko, wenn ein potenzielles Schadensereignis „in Bezug auf das Handeln oder Nicht-Handeln von Akteuren" (Vgl. [Hei07], S. 17) existiert. Ein Schaden wiederum ereignet sich bei einer „Abweichung von einer festge-

Anfangs-punkt	End-punkt	Außen-verbin-dung	Übertragung sicherer Informationen			Unsicher
			Ver-trau-lichkeit	Integri-tät	Verfüg-barkeit	
SA086	Internet	X				
SA086	SA711				X	
SA711	SO815		X			
SO815	SG042	X				
SP011	SP012					X
SA086	SL044			X		

Tabelle 3.3.: Dokumentation des Schutzbedarfs der Kommunikationsverbindungen nach [Bun05], S. 54

legten oder erwarteten Zielgröße" (Vgl. [Hei07], S. 17). Die Risiken der IT-Sicherheit sind in der Regel asymmetrisch wirkungsbezogen, d. h. es spiegelt sich in ihnen die Gefahr eines unerwünschten Ereignisses mit negativen Konsequenzen wider. Symmetrisch wirkungsbezogene Risiken hingegen haben sowohl positive, als auch negative Konsequenzen (Vgl. [Hei07], S. 16 und 17).

Bei der Analyse von Risiken werden diese detailliert untersucht und bewertet, um mit ihren Ergebnissen angemessene Sicherungsmaßnahmen auswählen zu können. Zu ihrer Durchführung gibt es sehr unterschiedliche Konzepte bzw. Methoden (Vgl. [Ste02], S. 39 und [Hei07], S. 21), die im Folgenden nicht präzise beschrieben werden können. Stattdessen wird in den folgenden Unterabschnitten der Versuch unternommen, einen Konsens der verschiedenen Methoden zur Risikoanalyse zu finden. Dieser Abschnitt unterteilt sich in die Identifikation und die Bewertung von Risiken, welche die ersten beiden Schritte im generischen Risikomanagementprozess darstellen.

3.3.1. Parameter der Risikoanalyse

Die Analyse von Risiken in der IT-Sicherheit beinhaltet die Untersuchung von Parametern. Es werden *Werte* identifiziert und ihre Relevanz für die Organisation festgestellt und anhand ihrer genaueren Betrachtung *Schwachstellen* und *Gefährdungen* herausgefunden. Wie oben erwähnt, verbindet man mit einem Risiko auch mögliche *Schäden*. Schließlich liefert die Risikoanalyse auch *Maßnahmen* zur Vermeidung, Reduktion, Eliminierung und Übertragung (z. B. Outsourcing, Schadenersatz, Versicherung) von Risiken als mögliche Handlungsoptionen. Sollten keine Maßnahmen ergriffen werden, bleibt nur die Akzeptanz eines Risikos als Handlungsoption. (Vgl. [Hei07], S. 18).

3.3.2. Abgrenzung des Umfangs der Analyse

Zunächst erfordert die Risikoanalyse eine Festlegung auf den gewünschten Umfang der Analyse. Es empfiehlt sich, diesen in Absprache mit der Leitung der Organisation zu bestimmen (Vgl. [Ste02], S. 45). Dabei wird bspw. entschieden, ob sich die Analyse nur auf die informationstechnischen oder auch auf die organisatorischen Aspekte beziehen soll oder, ob personelle Faktoren miteinbezogen werden sollen. Außerdem stellt sich womöglich auch die Frage, ob sie sich nur auf einen Teil der Organisation oder auf die gesamte Organisation beziehen soll (Vgl. [Sch06], S. 114). Es reicht einerseits nicht aus, sich auf einzelne Rechner und Dateien zu beziehen, andererseits gestaltet es sich aber als äußerst schwierig, sämtliche Risiken der gesamten IT einer Organisation zu ermitteln.

3.3.3. Identifikation von Risiken

In diesem Zusammenhang herrschen in der Literatur zum Thema IT-Sicherheit die Begriffe „Schwachstellen", „Bedrohungen" und „Gefährdungen". Alle drei Begriffe bergen Risiken, welche sich durch sie identifizieren lassen. Nach SCHMIDT sind Schwachstellen „Ausprägungen der Realität [...], von denen ein Risiko ausgehen kann." (Vgl. [Sch06], S. 116) . Aus ihnen ergeben sich Bedrohungen bzw. Gefährdungen, denn ohne eine konkrete Gefahr, die von einer Schwachstelle ausgeht, lässt sich die Risikosituation nicht feststellen (Vgl. [Sch06], S. 117). Nach Meinung des Autors dieses Buchs, kann man im Kontext der IT-Sicherheit ruhigen Gewissens die Begriffe Bedrohung und Gefährdung, trotz ihrer uneinheitlichen Verwendung in der Fachliteratur, synonym betrachten.

Im Folgenden werden einige Ansätze zur Risikoidentifikation ohne die Erörterung ihrer Vor- und Nachteile beschrieben, da dies den Umfang dieses Buchs sprengen würde.

16

Schwachstellenanalyse

Schwachstellen lassen sich in potenzielle und real vorhandene Schwachstellen unterscheiden (Vgl. [Sch06], S. 116). Beispielweise stellen Computer, die ohne eine Firewall am Internet angeschlossen sind, potenzielle Schwachstellen dar. Der Computer von Herrn Müller-Lüdenscheidt in Büro 12, der über eine ISDN-Karte direkt mit dem Internet verbunden ist, stellt eine real vorhandene Schwachstelle dar. Daneben unterteilt man weiter in technische, organisatorische und personelle Schwachstellen. Ihre Ermittlung basiert auf dem Ist-Zustand und kann somit auf einer Strukturanalyse (Siehe 3.1) aufbauen.

Bedrohungsanalyse

Zur Erfassung der relevaten Bedrohungen gibt es einen matrix- und einen baumorientierten Analyseansatz.

Bei der Aufstellung einer *Bedrohungsmatrix* werden zunächst Gefährdungsbereiche klassifiziert und diese in Relation zu potentiellen Auslösern der Bedrohungen gesetzt (Vgl. [Eck06], S. 164 und 165). Zu den Gefährdungsbereichen zählen nach ECKERT externe und interne Angriffe, die Bedrohungen der Schutzziel-Aspekte[3] (Siehe 2.1 auf Seite 3), das Abstreiten durchgeführter Aktionen (z. B. die Abrechnung der Nutzung von Speicherressourcen oder von elektronischen Einkäufen mit rechtlichen Folgen) oder der Missbrauch erteilter Berechtigungen.

Der *Bedrohungsbaum* entspricht einem Attack Tree, also einer textuell oder graphisch umsetzbaren Methode zur Beschreibung von Bedrohungspotenzialen durch Top-Down-Zerlegung. Sie stellt ebenfalls ein Instrument zur Abschätzung von Risiken durch Bewertung der möglichen und unmöglichen Angriffe und ihrer Wahrscheinlichkeiten dar (Vgl. [Pag07], Folie 30). Zur Verdeutlichung der Attack-Tree-Methode zeigt die Abbildung 3.3 auf der nächsten Seite ein Beispiel für einen Attack Tree zum Öffnen eines Tresors, in dem die möglichen Aktionen grün und die unmöglichen rot dargestellt sind. Die untergeordneten Aktionen müssen entweder alle (AND-Verknüpfung) oder einzeln (OR-Verknüpfung) erfüllt werden, um die Durchführung der übergeordneten Aktion zu ermöglichen. Aus Attack Trees lassen sich die Bedrohungen aus den möglichen Aktionen – also die im Beispiel grün markierten Kästchen – ableiten. Im Tresor-Beispiel bestehen also Bedrohungen durch das Aufschneiden des Tresors und die Bestechung von Mitarbeitern oder das Belauschen zur

---

[3]Hierunter fallen auch DoS-Attacken.

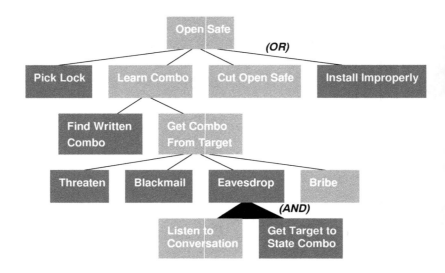

Abbildung 3.3.: Beispiel für einen Attack Tree nach [Pag07], Folie 33

Erlangung der Kombination. Eckert verfeinert diese Betrachung, indem sie die Aktionen in Angriffsziele als potenzielle Bedrohung und Angriffsschritte unterscheidet ([Eck06], S. 166) und diese Unterscheidung auch graphisch kennzeichnet.

Identifikation anhand von Szenarien

Dieses Konzept basiert auf der Erörterung von Szenarien, d. h. „hypothetischen Aufeinanderfolgen von Ereignissen zur Analyse kausaler Zusammenhänge" (Vgl. [Ste02], S. 45). Ausgehend von ausgewählten Bereichen (Siehe 3.3.2 auf Seite 16), werden diese in einer Informationssammlung zur Bildung von realistischen Szenarien näher bestimmt. Dies geschieht unter Hinzunahme von verschiedenen Mitarbeitern und deren Diskussion (bspw. in Workshops). Die Dokumentation der Ergebnisse wird Form von schriftlichen oder graphischen Beschreibungen verfasst und im Anschluss Empfehlungen für Sicherungsmaßnahmen festgehalten (Vgl. [Ste02], S. 45).

Risikoerkennung mit Hilfe von Simulationen

Im Zusammenhang mit der Identifikation von Risiken bedeutet die Simulation die Imitation technischer Vorgänge um Bedingungen und Verhältnisse der Realität anzustreben. Dazu wird in einem Simulationsmodell der Analysebereich (Siehe 3.3.2) abgebildet, was sehr aufwendig sein kann[4]. Anhand dieses Modells können gefährdende Ereignisse von den Gefahrenquellen bis zu den Auswirkungen simuliert und daraus Ursache-Wirkungs-Zusammenhänge erkannt werden. Im Vergleich zur Szenarioanalyse, welche auf der vorherigen Seite beschrieben ist, steckt hinter den Simulationsmethoden ein umfassenderer, genauerer Ansatz zur Analyse (Vgl. [Ste02], S. 46 und 47).

3.3.4. Bewertung von Risiken

Identifizierte Risiken charakterisieren sich durch unterschiedliche Eintrittswahrscheinlichkeiten, sowie materielle und imaterielle Schäden, welche bei einer objektiven Bewertung der Risiken (engl. risk assessment) zur Berechnung von Risikokenngrößen erfasst werden (Vgl. [Ste02], S. 43 und [Hei07], S. 19). Diese Bewertung der Risiken ist nach ihrer Identifikation der zweite Schritt im Risikomanagementprozess und untersucht die möglichen Folgen einzelner Sicherheitsrisiken für die Organisation (Vgl. [Hei07], S. 20).

Kardinale Bewertung

Die beiden Parameter Eintrittswahrscheinlichkeit (E) und Schaden (S) führen zur Risikokenngröße (R), welche sich durch die mathematische Gleichung $R = E \cdot S$ errechnet (Vgl. [Hei07], S. 21). Ihre Werte werden meist durch interne Experten geschätzt. Schäden werden dabei normalerweise in Währungseinheiten und Eintrittswahrscheinlichkeiten bzw. -häufigkeiten in Ereignissen pro Jahr beziffert.

Zur Ermittlung der Parameter werden die Schäden in primäre (z. B. Produktivitätsausfall, Wiederbeschaffungs-, Personal- oder Wiederherstellungskosten) und sekundäre Schäden (z. B. Image- und Vertrauensverlust bei Kunden und Geschäftspartnern) getrennt. Erstere lassen sich einfacher quantifizieren als letztere. Die Eintrittswahrscheinlichkeiten für Angriffe durch einen Angreifer (z. B. „Skript-Kiddies",

---

[4]Es bietet sich daher an, entsprechende Software für die Simulation einzusetzen.

19

Hacker, Mitarbeiter oder Wirtschaftsspione) ergeben sich aus dem dafür geschätzten Aufwand, der sich durch Penetrationstests abschätzen lässt, und dem möglichen Nutzen bei Erfolg (Vgl. [Eck06], S. 172). Neben internen Schätzungen können diese Zahlen auch durch die Einbringung erfahrener Schäden aus fremden Organisationen (z. B. durch die Fachpresse oder Schadensfalldatenbanken), beauftragte externe Experten oder Simulationen (z. B. die Monte-Carlo-Simulation) gewonnen werden (Vgl. [Hei07], S. 21).

Das folgende, einfache Beispiel soll die Vorstellung zu den Parametern erleichtern: Angenommen, die Wahrscheinlichkeit, dass das Rechenzentrum des Unternehmens M durch ein Erdbeben zerstört wird, läge bei einem Mal in 10.000 Jahren und der daraus resultierende Schaden bei 10.000.000,00 GE (Geldeinheiten). In diesem Fall beträgt das kardinale Risiko $0,0001\,p.\,a.\,\cdot\,10.000.000,00\,GE\ =\ 1.000,00\,GE\,p.\,a.$

Ordinale Bewertung

Statt einer quantitativen Bewertung von Risiken durch Zahlenwerte sieht das ordinale Bewertungskonzept eine qualitative Bewertung durch Klassifikation vor. Damit wird dem Problem einer ungenauen oder unmöglichen zahlenmäßigen Bewertung von Schäden vorgebeugt. Die Abbildung 3.4 zeigt ein graphisches Beispiel für eine

Abbildung 3.4.: Ordinale Risikobewertung in Anlehnung an [Hei07], S. 22

ordinale Risikobewertung der Risiken eines häufigen, aber relativ tragbaren externen Angriffs (z. B. durch Hacker), eines durchschnittlich wahrscheinlichen und mittelmäßig tragbaren Laptop-Diebstahls und eines seltenen, aber relativ untragbaren Server-Diebstahls.

4. Konzeption von IT-Sicherheit

Damit die aus der Analyse gewonnenen Erkenntnisse über die bestehende Sicherheitslage einer Organisation und die Sicherheitsrisiken in einen Zustand überführt werden, der den individuellen Anforderungen an die IT-Sicherheit entspricht, wird bei der Sicherheitskonzeption ein Plan zur Umsetzung von Schutzmaßnahmen (Siehe 2.2 auf Seite 4) entwickelt. Man nennt diesen Plan auch IT-Sicherheitskonzept (Vgl. [Bun05], S. 11).

Im Folgenden wird aufgrund der Masse der Thematik nicht die Erstellung einer IT-Sicherheitsleitlinie beschrieben, welche neben den Schutzmaßnahmen eine Festlegung der Ziele, des Niveaus und der Managementstrategien der IT-Sicherheit umfasst. Stattdessen beinhalten die folgenden Ausführungen die Bewertungskriterien, mögliche strategische Vorgehensweisen und die Auswahl von Sicherheitsmaßnahmen.

4.1. Bewertungskriterien

Um die Schutzziele (Siehe 2.1 auf Seite 3) besonders in Hinblick auf die Etablierung von IT-Sicherheit in staatlichen und militärischen Bereichen, aber auch in der Banken- und Versicherungsbranche zu verwirklichen, existieren nationale und internationale Kriterien zur Bewertung der Sicherheitssituation (Vgl. [PT05], S. 27). Nach Meinung des Autors dieses Buchs hilft das Studium der Kriterien dabei, die Konzeption der IT-Sicherheit durch Aufzeigen von Sicherheitslücken zu lenken, ein Gefühl für eine Soll-Situation zu geben und ein richtungsweisendes Sicherheitsbewusstsein zu entwickeln. Daher werden im Folgenden drei Kriterienstandards kurz beleuchtet.

4.1.1. Trusted Computer System Evaluation Criteria (TCSEC)

Mit dem Ziel, die Vertrauenswürdigkeit von Computersystemen erkennbar zu machen und dadurch vertrauenswürdige Computersysteme zu entwickeln, definiert der amerikanische TCSEC-Standard sechs Sicherheitskriterien und vier Sicherheitseinheiten („Divisons") von A bis D, welche nach Sicherheitsstufe geordnet und in Sicherheitsklassen untergliedert sind (Vgl. [FMK05], S. 1 bis 3). Eine Beschreibung der Sicherheitskriterien und -klassen befindet sich im Anhang (Siehe A.1).

4.1.2. Information Technology Security Evaluation Criteria (ITSEC)

Neben dem amerikanischen TCSEC-Kriterienstandard existiert als europäisches Äquivalent seit 1991 der ITSEC-Standard. Letzterer sieht den Verlust jedes der Schutzziele (Siehe 2.1) als Grundbedrohung und bewertet nach einem zweigliedrigen Schema, welches einerseits die Sicherheitsfunktionalität und andererseits die Vertrauenswürdigkeit, d. h. die Qualität der Sicherungsmaßnahmen, voneinander separiert. Bei der Untersuchung einer IT-Struktur aus der ITSEC-Perspektive wird jedes IT-Element als Evaluationsgegenstand (EVG), mit einer Unterteilung in IT-Produkte und -Systeme, betrachtet. Das Ergebnis der ITSEC-Zertifizierung entspricht einem Zertifikat, welches die Beschreibung der evaluierten Funktionalität, eine Evaluationsstufe (E0 bis E6) und eine Aussage über die Wirksamkeit (Widerstandsfähigkeit) der Sicherheitsmechanismen enthält (Vgl. [PT05], S. 28 und 29).

4.1.3. Common Criteria (CC)

„Die Common Criteria sind das Ergebnis gemeinsamer Bemühungen, breit nutzbare Kriterien für die Evaluierung von IT-Sicherheit mit länderübergreifender Gültigkeit bzw. Akzeptanz zu entwickeln" (Vgl. [EP06], S. 145). Hinter dem Begriff steckt ein 1996 eingeführter, internationaler und konsolidierter Kriterienstandard, der sich auf Sicherheitsmaßnahmen in Form von Hard-, Soft- und Firmware konzentriert. PAGNIA sieht ihn als derzeit wichtigstes Evaluationsschema (Vgl. [Pag07], Folie 63). Zu seiner Zielgruppe zählen Anwender[1], die ihre Sicherheitsbedürfnisse formulieren und auf deren Erfüllung prüfen können, und Entwickler, welchen die Spezifikation und Erfüllung von Sicherheitsanforderungen ihrer Produkte ermöglicht wird.

Der erste Teil der CC beinhaltet eine Einführung, welche die allgemeinen Konzepe und Prinzipien der Evaluation, Modelle der Prüfung und Bewertung, Konstrukte für die Auswahl bzw. die Konzeption von Sicherheitszielen und -anforderungen und die

---

[1]Hier also das IT-Sicherheitsmanagement

Schutzprofile (Protection Profiles) beschreibt. Im zweiten Teil werden die Sicherheits-anforderungen und die funktionalen Komponenten, Familien und Klassen der CC näher beleuchtet. Schließlich befasst sich der dritte Teil mit der Vertrauenswürdigkeit von IT-Elementen und deren Klassifikation in Evaluation Assurance Level (EAL) (Vertrauenswürdigkeitsstufen) von der ersten (EAL1) bis zur siebten Stufe (EAL7). Detaillierte Informationen finden sich im Internetportal zu den Common Criteria http://www.commoncriteriaportal.org/.

4.2. Strategische Behandlung von Sicherheitsrisiken

Gemäß den Theorien des Risikomanagements geben Strategien die Lösungsansätze für bewertete Risiken vor. Die folgenden Abschnitte beinhalten die Risikostrategien und einige ausgewählte, übergreifende Strategien zur Behandlung von Sicherheitsrisiken.

4.2.1. Risikostrategien

Erst im Anschluss an die erfolgte Risikoanalyse lässt sich eine geeignete Risikostrategie unter der Berücksichtigung der Risikopräferenz konzipieren (Vgl. [SW06], S. 95). Letztere wird grundsätzlich durch die drei Adjektive „risikoscheu", „risikoneutral" und „risikofreudig" klassifiziert und bezeichnet die Einstellung des Entscheiders zum Risiko (Vgl. [SW06], S. 33).

Mit der *Vermeidung* eines Risikos wird es durch alternative Entscheidungen bzw. Lösungen umgangen. Nach Meinung des Autors dieses Buchs empfiehlt sich diese Strategie dann, wenn der Aufwand für geeignete Sicherheitsmaßnahmen in unverhältnismäßiger Höhe dem Ertrag, welcher sich aus der Nutzung des IT-Elements ergibt, gegenübersteht. In dem genannten Fall ist die *Übernahme* des Risikos, also das Hinnehmen eines potentiellen Schadens, ebenfalls eine Option. Als weitere strategische Vorgehensweise lassen sich Risiken *vermindern*, indem ihre Eintrittswahrscheinlichkeit verringert oder der Umfang des eintretenden Schadens minimiert wird (Vgl. [SW06], S. 96). Durch die *Überwälzung* des Risikos wird dieses auf ein anderes Unternehmen, bspw. einen externen Dienstleister, übertragen. Hierbei müssen allerdings die gesetzlichen Bestimmungen (Siehe u. a. A.2 auf Seite 31), insbesondere bei Banken, beachtet und befolgt werden. Der Transfer kann logischerweise nicht für die Risiken der Kernkomponenten eines Unternehmens gelten (Vgl. [SW06],

S. 97). Außerdem zählt die *Diversifikation* zu den Risikostrategien. Sie beinhaltet eine „Reduzierung des Gesamtrisikos durch Streuung und systematischer Kombination von nicht korrelierenden Einzelrisiken" (Vgl. [SW06], S. 101). Wenn bspw. ein Server mehrere wichtige Dienste anbietet, lässt sich das Risiko seines Ausfalls durch Verteilung der Anwendung auf andere Server verringern. MÜLLER nennt diese Strategie das „Prinzip der Untergliederung", nach welchem durch Zerlegung des IT-Elements in einzelne Komponenten eine höhere Sicherheit erzielt werden kann (Vgl. [Mül08], S. 152).

4.2.2. Redundante Systeme

Der Begriff Redundanz umschreibt eine mehrfache bzw. parallele, gleichartige Installationen eines IT-Elements zur Vermeidung des „Single Point of Failure"[2] (Vgl. [Mül08], S. 142). Dies kann sich sowohl auf Hardware (Computer oder Telekommunikationsanlagen) als auch auf Software (Anwendungen) beziehen. MÜLLER charakterisiert die Redundanz nach ihrer Kategorie, ihrer strukturellen Eigenschaft, ihrem Grad, ihrer Geschwindigkeit und ihrer Qualität (Vgl. [Mül08], S. 143). Die strukturelle Eigenschaft bezeichnet hierbei den Zustand einer vollständigen Redundanz aller beteiligten Elemente. Eine aufwändige Form der Redundanz ist beispielsweise das Betreiben zweier vernetzter Rechenzentren an unterschiedlichen Standorten, bei denen im Ausnahmefall eines die Funktion des anderen übernimmt (Vgl. [Mül08], S. 143).

4.2.3. Personelle Strategien

Hierunter sind diejenigen Prinzipien zu verstehen, welche sich auf die unspezifische Verbesserung der IT-Sicherheit durch die Regulierung der Anwender beziehen. Darunter fällt das *Vier-Augen-Prinzip* (Confirmed Double Check Principle), unter dem man die Hinzunahme einer zweiten Person zur „gegenseitigen Kontrolle und gemeinsamen Übernahme der Verantwortung" versteht (Vgl. [Mül08], S. 146). Auch das Prinzip der *Funktionstrennung* (Segregation of Duties), welches einer Person nicht gestattet, mehrere Funktionen auszuführen, zählt zu dieser Kategorie. Ein Beispiel hierfür wäre eine Person, die sowohl Revision, als auch Qualitätssicherung und Test in einem Unternehmen übernimmt. Daneben existiert das Prinzip des *generellen Verbots* (Deny all Principle), welches grundsätzlich alles verbietet, was nicht explizit

---

[2]Unter „Single Point of Failure" ist die zentrale Stelle für einen Ausfall zu verstehen.

erlaubt ist. Ähnlich dem generellen Verbot darf eine Person nach dem Prinzip der *minimalen Rechte* (Need to Use Principle) nur den Zugriff erhalten, der mindestens für die Erfüllung ihrer Aufgaben nötig ist. In einer erweiterten Fassung überträgt sich dieses Prinzip auf die minimal benötigten Dienste und die Nutzung der Ressourcen im minimalen Umfang.

4.3. Erstellung eines IT-Sicherheitskonzepts

Ein geeignetes Zusammenspiel organisatorischer, baulicher, administrativ-personeller bzw. informationstechnischer Schutzmaßnahmen bildet das Fundament von effektiver IT-Sicherheit (Vgl. [PB04], S. 197). Es manifestiert sich im sog. IT-Sicherheitskonzept, welches gemäß der organisatorischen Zielsetzung zum Niveau der IT-Sicherheit die Risiken auf das akzeptable Maß reduzieren und unter Kosten-Nutzen-Aspekten eine optimale Lösung darstellen soll (Vgl. [PB04], S. 196).

Das IT-Sicherheitskonzept beschreibt den Ausgangszustand inklusive der analysierten Risiken und legt die erforderlichen Schutzmaßnahmen fest. Dabei müssen diese zunächst identifiziert (Siehe 4.3.1) und ausgewählt (Siehe 4.3.2) werden. Im Anschluss daran erfordert eine gründliche Sicherheitskonzeption die Restrisikobetrachtung (Siehe 4.3.3).

4.3.1. Identifikation bestehender Schutzmaßnahmen

Als Vorarbeit für die Auswahl von Schutzmaßnahmen (Siehe 4.3) zählt zu einer detaillierten Risikoanalyse nicht nur die Identifikation von Risiken, sondern auch von bestehenden Schutzmaßnahmen (Vgl. [PB04], S. 198). Eine genaue Definition des Begriffs „Schutzmaßnahme" befindet sich im Abschnitt 2.2. Durch das Ermitteln existierender Schutzmaßnahmen sollen mögliche Konflikte zu geplanten vermieden werden, indem jeweils deren Auswirkungen überprüft werden. Ebenso beinhaltet der Vorgang eine Kenntnisnahme über ihre Wirksamkeiten, um falsche, fehlerhafte oder unvollständige Schutzmaßnahmen aufzudecken (Vgl. [PB04], S. 160). Er liefert als Ergebnis eine Aufstellung aller existierenden oder bereits geplanten Schutzmaßnahmen mit Angaben über ihren Implementierungsstatus und ihren Einsatz (Vgl. [PB04], S. 198).

Die Identifikation bestehender Schutzmaßnahmen dient als Basis für die Verfolgung des Abstraktionsprinzips. Es handelt sich dabei um ein Prinzip, welches die bestehenden Schutzmaßnahmen aufgreift und diese durch Abstraktion erweitert. Eine gute Schutzmaßnahme, die bisher plattform- bzw. betriebssystemspezifisch war, wird dadurch in eine neue, übergreifende Schutzmaßnahme überführt (Vgl. [Mül08], S. 139).

4.3.2. Auswahl geeigneter Schutzmaßnahmen

Um den Anforderungen an das IT-Sicherheitskonzept gerecht zu werden, muss die Auswahl der Maßnahmen auf den Ergebnissen der Struktur- und Schutzbedarfsanalyse, sowie der Risikobewertung basieren und gewisse Faktoren berücksichtigen. Zu Letzteren zählen primär die Wirksamkeit der Schutzmaßnahmen, die Ergonomie für den Anwender und die Zielsetzung in Relation zur Schutzbedarfskategorie (Siehe 3.2.1 auf Seite 12; Vgl. [PB04], S, 197 und 198). Neue Schutzmaßnahmen werden dann erforderlich, wenn sich die bisherigen Schutzmaßnahmen, bspw. bei ihrer Identifikation während der Analyse 4.3.1 auf der vorherigen Seite), als unwirksam herausgestellt haben (Vgl. [PB04], S. 160).

Die individuelle Struktur-, Schutzbedarfs- und / oder Risikoanalyse bilden die Informationsbasis für die Auswahl von Schutzmaßnahmen. Hierbei muss die Notwendigkeit der Maßnahmen erkannt werden, um zwischen notwendigen und wünschenswerten Maßnahmen zu unterscheiden. Je genauer analysiert wurde, desto qualifizierter ist die Entscheidungsgrundlage der Auswahl (Vgl. [PB04], S. 198).

Da es verschiedene Alternativen unter den Schutzmaßnahmen geben kann, bedarf es – je nach Bedrohung – neben der Schutzbedarfsanalyse (Siehe 3.2 auf Seite 11) auch der Überprüfung auf Wirtschaftlichkeit, z. B. anhand von Kosten-/Nutzen-Analysen. Grundsätzlich empfiehlt sich aber das Bevorzugen von Maßnahmen, die mehrere Aspekte in einem ausgewogenen Verhältnis abdecken (Vgl. [PB04], S. 198 und 199).

4.3.3. Betrachtung der Restrisiken

Trotz der Auswahl und Umsetzung von Schutzmaßnahmen verbleiben Restrisiken, deren Kenntnis und Beachtung nicht unerheblich sein kann. Hierzu dient eine Betrachtung der Restrisiken auf der Grundlage der vorausgegangenen Risikoanalyse (Siehe 3.3 auf Seite 14) und ihre genauen Bemessungen. Sollte sich ergeben, dass Restrisiken untragbar sind, erfordert dies eine Erweiterung des IT-Sicherheitskonzepts oder ihre „formelle Akzeptanz" unter Einbeziehung der Geschäftsleitung (Vgl. [PB04],

S. 200).

4.3.4. Modellierung nach dem Grundschutzhandbuch

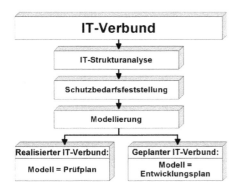

Abbildung 4.1.: Einordnung der Modellierung in den Grundschutzprozess und Darstellung ihrer Ergebnisse (aus [Bun05], S. 58)

Der Modellierungsprozess nach dem Grundschutzhandbuch des BSI wandelt die Ergebnisse der Sicherheitsanalyse in die IT-Sicherheitskonzeption um. Wie in Abbildung 4.1 ersichtlich, schließt er direkt an die Struktur- und die Schutzbedarfsanalyse an und hat, je nachdem, ob die IT-Struktur vorhanden oder noch in Planung ist, einen Prüfplan oder einen Entwicklungsplan zur Folge. Diese Pläne werden anhand des erstellten Modells entwickelt.

Modulare Struktur der Grundschutz-Kataloge

Unter den Schutzmaßnahmen bilden einige eine gemeinsame Schnittstelle aus prinzipiellen Vorkehrungen, die bei den meisten Organisationen sehr ähnlich sind. Durch die individuelle Festlegung auf den Schutzbedarf bzw. die Risikobewertung entstehen jedoch unterschiedliche Ausprägungen innerhalb dieser Schutzmaßnahmen (Vgl. [PB04], S. 190). Dies spiegelt sich in Grundschutz-Katalogen des BSI wider, die in einer modularen Struktur Gefährdungen und Maßnahmen enthalten. In sog. „Bausteinen" werden themenorientiert über Matrizen die potentiellen Gefährdungen mit pauschalisierten Eintrittswahrscheinlichkeiten in Relation zu den möglichen Maßnahmen gesetzt (Vgl. [Bun06], S. 14).

Durchführung der Modellierung

Bei dem Vorgang der Modellierung wird auf Basis der Struktur- (Siehe 3.1 auf Seite 6) und der Schutzbedarfsanalyse (Siehe 3.2 auf Seite 11) ein sog. „Grundschutzmodell", d. h. ein Modell der IT-Struktur einer Organisation auf Basis der Grundschutz-Methodik des BSI, erstellt (Vgl. [Bun06], S. 25). Es besteht aus den verschiedenen möglicherweise mehrfach verwendeten Bausteinen der Grundschutz-Kataloge (Siehe 4.3.4 auf der vorherigen Seite). Je nachdem, ob eine existierende IT-Struktur modifiziert oder eine neue IT-Struktur entworfen wird, resultiert aus der Modellierung ein Prüfplan zur Durchführung einer Soll-Ist-Transformation oder ein Entwicklungskonzept zum Aufbau einer neuen IT-Landschaft.

In der Durchführung der Modellierung nach der Grundschutz-Methodik werden die Schichten der IT-Struktur, d. h. die übergreifenden Aspekte (z. B. das Sicherheitsmanagement, das Datensicherungskonzept oder das Computervirenschutzkonzept), die Infrastruktur, die Systeme, die Netze und die Anwendungen, nacheinander durchgegangen und dabei die passenden Bausteine herausgesucht. Für jeden Baustein muss entschieden werden, ob und wie er für die Modellierung herangezogen werden kann.

5. Fazit

Die Experten aus den entsprechenden Fachgebieten sind sich einig, dass eine absolute (IT-)Sicherheit unmöglich ist. Spafford formulierte 1989 diesbezüglich folgende, treffende Aussage:

„The only true secure system is one that is powered off, cast in block of concrete and sealed in lead-lined room with armed guards – and even then I have my doubts."

Es wurden in diesem Buch die zwei ersten Schritte der umfangreichen Arbeit des IT-Sicherheitmanagements bzw. der entsprechenden Projekte thematisiert. Normalerweise folgen auf sie die Umsetzung der konzeptionellen Festlegungen und die ständige Optimierung der umgesetzten Maßnahmen aufgrund neu auftretender Bedrohungen. Dahinter steht das übergreifende Ziel eines optimalen Sicherheitsniveaus, welches wiederum einen beachtenswerten Anspruch an zeitliche, personelle und fachliche Ressourcen stellt. Daher sind übergeordnete wirtschaftliche Überlegungen und eine Überprüfung auf das Vorhandensein nötiger fachlicher Kenntnisse unbedingt der Analyse und Konzeption voranzustellen. Außerdem lohnen der Blick über den Tellerrand und eine Aktualisierung der Kenntnisse im IT-Bereich, denn schließlich sind durch den technologischen Wandel ebenfalls die Sicherheitsaspekte dynamisch.

Aufgrund der Unmöglichkeit vollständiger IT-Sicherheit kann nur durch ein ausgefeiltes, systematisches und ausdauerndes Vorgehen, basierend auf guter Literatur und besserer Vorbereitung, eine optimale Annäherung an den Idealzustand im Rahmen der Gegebenheiten und niemals vollständige IT-Sicherheit erzielt werden.

A. Anhang

A.1. Weitere Schutzziele

Verbindlichkeit Durch die Kombination von Integrität und Authentizität soll vermieden werden, dass „ein Subjekt im Nachhinein die Durchführung einer [...] Aktion [im IT-System] abstreiten kann" ([Eck06], S. 11).

Authentizität Die Echtheit und Glaubwürdigkeit von menschlichen bzw. maschinellen Identitäten soll gewährleistet sein.

Anonymisierung und Pseudonymisierung Nach § 3a BDSG sollen Datenverarbeitungssysteme an dem Ziel ausgerichtet werden, „keine oder so wenig personenbezogene Daten wie möglich zu erheben". Personenbezogene Daten sollen derartig verändert werden, dass sie nur mit hohem Aufwand überhaupt (Anonymisierung) oder nur durch eine Zuordnungsvorschrift (Pseudonymisierung) einer bestimmten Person zugeordnet werden können (Vgl. [Eck06], S. 12).

A.2. Gesetzliche Anforderungen an die IT-Sicherheit

A.2.1. BDSG

Das BDSG trat 1990 in Kraft und beinhaltet Regelungen zur automatisierten und sonstigen Erhebung, Verarbeitung und Nutzung von personenbezogenen Daten, sowohl durch öffentliche, als auch nicht-öffentliche Stellen (Vgl. § 1 Abs. 2 BDSG). Für die IT-Sicherheit sind die folgenden Paragraphen des BDSG besonders beachtenswert (Vgl. [Hei07], S. 46):

- § 4 Zulässigkeit der Datenerhebung, -verarbeitung und -nutzung
  Grundsätzlich ist die Erhebung, Verarbeitung und Nutzung von personenbezogenen Daten verboten, sofern der Betroffene nicht seine Einwilligung dazu erteilt.

- § 4f Beauftragter für Datenschutz
  Bei der automatisierten Verarbeitung von Daten muss ein Beauftragter für Datenschutz schriftlich bestellt werden.

- § 6 Unabdingbare Rechte des Betroffenen
  Der Betroffene hat das Recht auf Auskunft, Berichtigung, Löschung oder Sperrung seiner Daten. Jede datenverarbeitende Stelle verpflichtet sich außerdem zur Auskunft darüber, „wer welche Daten zu welchem Zweck speichert bzw. verarbeitet" (Vgl. [Hei07], S. 46).

- § 9 Technische und organisatorische Maßnahmen
  Es müssen technische und organisatorische Maßnahmen getroffen werden, die für die Ausführung der Vorschriften des BDSG erforderlich sind.

A.2.2. Gesetz zur Kontrolle und Transparenz im Unternehmensbereich (KonTraG)

Das KonTraG von 1998 ist ein Artikelgesetz, welches andere Gesetze ändert, ergänzt und erweitert, um die Unternehmensleitung und -überwachung (Corporate Governance) weiter zu entwickeln und die Transparenz – insbesondere für Investoren – zu erhöhen (Vgl. [Sch06], S. 265). Dies betrifft unternehmensbezogene Gesetze (Aktiengesetz, Handelsgesetzbuch, Gesetz betreffend die Gesellschaften mit beschränkter Haftung etc.) und wirkt sich somit auf alle Aktien-, mittelgroßen und großen Gesellschaften[1] aus.

Im Artikel 1, Nr. 9 des KonTraG manifestiert sich eine wichtige Ergänzung im § 91 AktG (Abs. 2):

Der Vorstand hat geeignete Maßnahmen zu treffen, insbesondere ein Überwachungssystem einzurichten, damit den Fortbestand der Gesellschaft gefährdende Entwicklungen früh erkannt werden.

Hieraus ergibt sich die Anforderung, ein System zur aktiven Überwachung und damit Überprüfung von Risiken zu konstruieren. Das Gesetz erfordert von Unternehmen somit ein eigenes Risikomanagement (Vgl. [BW05], S. 20) und ein „Risikofrüherkennungssystem", mit welchem riskante Entwicklungen vorzeitig erkannt werden, sofern sie den Fortbestand der Gesellschaft gefährden (Vgl. [Hei07], S. 48).

---

[1] Nach der Definition des § 267 Abs. 1 – 3 HGB

A.3. Details zur TCSEC

Als Ergänzung zur Kurzbeschreibung des TCSEC-Standards werden hier zusätzlich ein paar Details dazu gegeben. Die sicherheitsrelevanten Entitäten, z. B. Dateien oder Peripherie, werden im Folgenden schlicht „Objekte" genannt.

A.3.1. Sicherheitskriterien

Anhand der Sicherheitskriterien des TCSEC-Standards lassen sich die Systeme in die Sicherheitsklassen einordnen. Zu ihnen zählt das Kriterium *„Discretionary Access Control (DAC)"*, nach dem ein System Benutzer und Ressourcen mittels einer Authentifizierung voneinander unterscheiden können muss. Dies geschieht über die Verwendung von „Access Control Lists (ACLs)", welche den Zugriff auf Objekte regeln. Entsprechend dem Schutzziel der Authentizität (Siehe 2.1 auf Seite 3) hat ein System zudem die Aufgabe, *die Echtheit der Benutzer zu gewährleisten und sicherheitsrelevante Aktionen[2] aufzuzeichnen.* Darüber hinaus gibt es das Kriterium *„Mandatory Access Control (MAC)"*, bei welchem den Objekten Sicherheitsklassen zugeordnet und den Benutzern entsprechende Klassenrechte, die den Zugriff darauf regeln, erteilt werden. Die TCSEC beinhaltet außerdem das Kriterium der *strukturierten Sicherheit*, welches eine klar definierte Sicherheitspolitik und den Schutz der Informationen vor unbefugter bzw. unerwünschter Änderung (Stichwort Datenintegrität, Siehe 2.1) durch Sicherheitsattribute voraussetzt. Des Weiteren soll das System in einer *Sicherheitsdomäne* liegen, d. h. vor böswilligen Eingriffen von außen geschützt, mit aktiven Sicherheitsmechanismen ausgestattet und durch einen Referenzmonitor kontrollierbar sein. Schließlich zählt die *Verifizierung*, also der Nachweis über das integere Verhalten des Systems im Sinne der anderen Kriterien, ein Sicherheitskriterium.

A.3.2. Sicherheitsklassen

Die Tabelle A.1 gibt in abgekürzter Form die Sicherheitsklassen wieder, zu deren Erfüllung unterschiedliche Sicherheitskriterien des TCSEC-Standards erfüllt sein müssen.

---

[2]z. B. den Login oder den Zugriff auf sensible Daten

Kürzel	Name	Beschreibung
D	Minimale Sicherheit	Die Systeme wurden ohne feststellbare Sicherheit ausgewertet.
C1	Wahlfreier Schutz	Durch disjunkte Adressräume, einfache Zugangskontrollen und Zugriffsschutz auf freiwilliger Ebene wird ein System für Sicherheit auf der Basis von gegenseitigem Vertrauen geschaffen (Vgl. [Pag07], Folie 46 und [FMK05], S. 9).
C2	Kontrollierter Zugriffsschutz	Ein verbesserter Zugriffsschutz durch ACLs und physikalisches Löschen sind möglich. Das System verfügt über eine Protokollierung und ist genau dokumentiert.
B[1–3]	Erzwungener Schutz	Die Erfüllung des MAC-Kriteriums, eine modulare Systemarchitektur und ein formales Modell der Sicherheit ermöglichen die Sicherheitseinstufung von Personen (bspw. bei einer hierarchischen Organisationsstruktur).
A1	Überprüfter Schutz	Der formale Beweis von Techniken zur Spezifikation und Verifikation bzw. der gewährleisteten Sicherheit kommt hinzu.

Tabelle A.1.: Die Sicherheitsklassen nach dem TCSEC-Standard (Vgl. [Pag07], Folie 46)

Literaturverzeichnis

[Bun05] BUNDESAMT FÜR SICHERHEIT IN DER INFORMATIONSTECHNIK: *BSI-Standard 100-2: IT-Grundschutz-Vorgehensweise*, Dec 2005.

[Bun06] BUNDESAMT FÜR SICHERHEIT IN DER INFORMATIONSTECHNIK: *IT-Grundschutz-Kataloge*, Nov 2006.

[Bus07] BUSSE, NIKOLAUS: *Krieg im Cyberspace*. Frankfurter Allgemeine Zeitung, 22.11.07:10, 2007.

[BW05] BUCHHOLZ, BETTINA und MICHAEL WERLITZ: *ISO 17799*. In: *Umfassende Absicherung komplexer IT-Infrastrukturen*, Seiten 11–26. Universität Potsdam, Institut für Informatik, Feb 2005.

[Eck06] ECKERT, CLAUDIA: *IT-Sicherheit*. Oldenbourg Wissenschaftsverlag GmbH München, 2006.

[EP06] ESCHWEILER, JÖRG und DANIEL E. ATENCIO PSILLE: *Security@Work*. X.systems.press. Springer -Verlag Berlin, Apr 2006.

[FMK05] FREITAG, RENÉ und RONNY MÜLLER-KUHLE: *Trusted Computer System Evaluation Criteria (TCSEC)*. In: *Umfassende Absicherung komplexer IT-Infrastrukturen*, Seiten 1–10. Universität Potsdam, Institut für Informatik, Feb 2005.

[Hei07] HEITMANN, MARCUS: *IT-Sicherheit in vertikalen F&E-Kooperationen der Automobilindustrie (Diss.)*. DuD-Fachbeiträge. Deutscher Universitäts-Verlag Wiesbaden, 1 Auflage, Jul 2007.

[Inf06] INFODAS - GESELLSCHAFT FÜR SYSTEMENTWICKLUNG UND INFORMATIONSVERARBEITUNG MBH, Rhonestraße 2, 50765 Köln: *Erstellung von IT-Sicherheitskonzepten (White Paper)*, Mai 2006.

[Kol07] KOLB, ANDREAS: *Risikoanalyse zur Ermittlung der Schutzbedürftigkeit der IT-Struktur*. In: *IT-Sicherheitsmanagement in Banken*, Kapitel C, Seiten 87–138. Bank-Verlag Medien GmbH, 2007.

[Lei07] LEITHÄUSER, JOHANNES: *Furcht vor Betrugwelle in Großbritannien.* Frankfurter Allgemeine Zeitung, 22.11.07:1, Nov 2007.

[Mül08] MÜLLER, KLAUS-RAINER: *IT-Sicherheit mit System*, Band 3. Friedrich Vieweg & Sohn Verlag Wiesbaden, 2008.

[Pag07] PAGNIA, HENNING: *IT-Sicherheit (Foliensatz zur Vorlesung)*, Oct 2007.

[PB04] POHLMANN, NORBERT und HARTMUT BLUMBERG: *Der IT-Sicherheitsleitfaden.* mitp-Verlag Bonn, 2004.

[PT05] PHAM, HAI ANH und SVEN TABBERT: *ITSEC & Common Criteria.* In: *Umfassende Absicherung komplexer IT-Infrastrukturen*, Seiten 27–40. Universität Potsdam, Institut für Informatik, Feb 2005.

[Sch06] SCHMIDT, KLAUS: *Der IT Security Manager.* Carl Hanser Verlag München, 2006.

[Ste02] STELZER, DIRK: *Risikoanalysen als Hilfsmittel zur Entwicklung von Sicherheitskonzepten in der Informationsverarbeitung.* In: *IT-Sicherheitsmanagement in Banken*, Seiten 37–54. Frankfurt School Verlag, 2002.

[SW06] SCHMITZ, THORSTEN und MICHAEL WEHRHEIM: *Risikomanagement.* W. Kohlhammer GmbH Stuttgart, Aug 2006.

[Wis06] WISLER, ANDREAS: *Die drei V im IT-Sicherheitskonzept.* Blickpunkt:KMU, 4:18–22, 2006.

Der Autor

Daniel Heid wurde 1986 in Mainz geboren und absolvierte in einer dualen Kooperation der IBM Deutschland GmbH mit der Berufsakademie (Heute: Duale Hochschule) ein Studium im Diplom-Studiengang Wirtschaftsinformatik in Mannheim. Während der Praxisphasen im Unternehmen befasste er sich theoretisch und praktisch mit der Analyse und Optimierung von Computernetzwerken und fand hierin sein Spezialgebiet, das er in seiner Diplomarbeit und in seinem heutigen Berufsleben weiter verfolgt. Er betätigt sich heute als Spezialist und Entwickler bei VOIPFUTURE, einem Hersteller von Hardware-Appliances für das Monitoring von Voice over IP-Verbindungen.